연필로 그린 오른손

정찬열 제4시집

선생님께 드립니다

정 찬 열 삼가

시와사람

정찬열 제4시집
연필로 그린 오른손

2022년 9월 5일 1쇄
2024년 10월 7일 2쇄

지은이 | 정 찬 열
펴낸이 | 강 경 호
인쇄·기획 | 도서출판 시와사람
등 록 | 1994년 6월 10일 제 05-01-0155호
주 소 | 광주시 동구 양림로119번길 21-1(학동)
전 화 | (062)224-5319
팩 스 | (062)225-5319
E-mail | jcapoet@hanmail.net

ISBN 978-89-5665-640-3 03810

값 10,000원

* 잘못된 책은 바꾸어 드립니다.

공급처 ■ 한국출판협동조합
경기도 파주시 탄현면 오금로 30
주문전화 (02)716- 5616, 070- 7119- 1740

연필로 그린 오른손

시인의 말

환갑이 들던 해에 불의의 사고를 당한 후
너무 고통스러웠지만
그 모든 통증을 혼자서 견뎌야 했습니다.

돌아보면 속절없이 걸어온 길입니다.
흉금을 울리는 글을 남길 수 있도록
생명이 다하는 날까지 연필을 쥘 수 있다면
더욱 바랄 것이 없을 것입니다.

장애를 극복하기 위한 글쓰기에
응원해주는 글동무들께 깊이 감사드립니다.

또한 사랑하는 아내와 아들과 며느리 딸들과 사위들,
그리고 5남 2녀의 형제 가족에게 고마움을 전합니다.

임인년(壬寅年) 9월에
정찬열

연필로 그린 오른손 / 차례

1 손녀의 동시

2 연필로 그린 오른손

3 당신은 나의 전부

4 부모님께 바친 동백

1

손녀의 동시

태어나 몸 하나 지탱하고
살아간다는 것, 아니 살아낸다는 것
뜻대로 되지 않아 부대낀 날들
-「인생살이 서막」 중 일부

일기 日記

40여 년의 긴 시간이
하루 같은 세월
빼곡히 마음 적시며 왔다

그제가 어제 같고, 유수의 질곡 같은
시간의 혼돈 속에서
하루하루 지나온 길 감사한다

특별한 날엔 옷도 입히고
때로는 ※표도 달아 가며
훗날에 추억을 되찾게 한다

까맣게 잊고 더듬던 기억
일기장에 메모하여
고해의 바다로 유영을 한다

박힌 일상의 틀 속에
때로는 수수께끼 같은
미로를 더듬더듬하지만
적어둔 일기가 때론 유용함이다

고향의 빈집

주저앉은 상량 지붕에
동강 난 슬레이트가 볼품없다

불어대는 봄바람에
주인이 그리운지, 무엇을 찾는 것인지
양철 대문만 삐걱거린다

마당 한쪽에 흩어진 화투장과
무성한 잡초 위에
피를 흘리듯 떨어진 산다화는
더없이 애처롭다

방으로 들어가는 마루는
먼지만 뒤집어쓴 채
외벽에 걸려있는 인내천人乃天 액자

이웃집 살구꽃이
하롱하롱 꽃비를 뿌리고 있다

인생살이 서막은

지금까지 살아온 것이
모두 지워진다면
여름과 겨울 사이, 부재중의
절기와 같은 것일까

지난날을 돌아보니
언제나 뉘우침과 후회만 머릿속을 휘젓는다

태어나 몸 하나 지탱하고
살아간다는 것, 아니 살아낸다는 것
뜻대로 되지 않아 부대낀 날들

생활하다 보면 뜻하지 않은 낙뢰에 스치고
시련이 닥치지만
이제 다시 돌아오는 서막을 기다리며
걸어온 발자취를 지우는 것일까

보릿고개

삘기 꽃이 하얗다

가슴 시린 보릿고개

봄은 저만큼 가버렸지만 어릴 적 잘도 찾던 한 줌의 삘기

트로트 노래 경쟁 속에 나이 어린 가수가 박수받은 그 노래
“아이야 뛰지 마라. 배 꺼질라.”

젊은이들은 알까 한 많은 보릿고개를

봄이면 언덕을 헤매며 허기에 뽑아 든 한 주먹 삘기, 감또개 먹으며 배고픔을 달래고

송기松肌 껍질 벗겨 먹었던 앙금 같은 세월

삘기 뿌리 칡넝쿨에 찔레 순을 꺾어 먹었던 그 시절

한 많은 보릿고개

단상 시초

동백
눈이 내리는 삼동에도
꽃을 피운
동백꽃

가슴 속
화상火傷을 입었는지, 붉기도 하여라

시간
나를 살리기도
죽게도 하는 시간

애초에 비롯함이 있어
밝혀 드는 생명

죄를 피하는 마음자리에
새로운 시간이 움튼다

연필

뾰쪽하게 끝을 다듬으려 하니
자꾸만 부러지는 연필심
잘 드는 면도칼 탓일까
나이만큼 힘을 쓴 탓일까
세월의 물굽이조차 거세기만 하다

수국꽃

날마다 보고 또 보아도
젊은 청춘으로만, 비추었는데

세상을 품어가는 모습
유심히 보는 그 적부에

맑아지는 슬픔이
덕지덕지 피었네요

노을

어느 날 거센 바람
파도에 휩쓸리고

사랑에서 부디 넉넉하게
서녘에 바치는 기도

맨 나중의 축복도
이토록 장엄하여 눈부시다

힘들 때 하늘을 보라

삶이 버거울 때 하늘을 보라
밤하늘의 별도 달빛에 가려져
눈물 속에 반짝인다

삶이 힘들 때 노래를 불러라
창천蒼天의 별이 구름에 가려
그 모습은 보이지 않아도

사랑이 힘들 때 하늘을 보라
밝게 발하는 별빛도 도심 불빛에 가려져
오래된 망상妄想에 서성인다

맑은 하늘 별빛은 빛나고
우리가 살아가는 일상도
삼백예순 날 변함없이 그대로인데

때로는 뜻하지 않게 환경이 바뀌어
버겁고, 힘들고, 고통스러울 때
달과 별을 위로 삼아 하늘을 보라

손녀의 동시

우리 손녀가 동시를 써왔다
그리 길지도 않은 짧은 시간에
하얀 도화지를 반쪽 잘라
꽃 삽화를 그리고 글을 쓴 동시

제목은 코스모스
'운치 있는 코스모스 두 송이
비 오는 날에도 길가에 피어있는
코스모스 아이 향기로워'

연필로 그려놓고
꽃 위에 색을 입혔다

우리 연서, 동시를
할아버지보다 더 잘 썼다며
뒷면에 다시 동시를 써오라고 했다

채 10분도 되지 않아서
'사탕은 놀이터에서도 먹고
집에서도 먹지
사탕은 맛있어'

사탕이라는 제목과 그림 삽화로
손녀의 동심이 알차게 물들어있다

덧없는 세월

어제의 세찬 바람이
온갖 사물을 흔들었다

오늘의 청명한 하늘 아래
고요가 자욱이 깔린 아침
참새와 까치가 합창을 한다

자연은 변덕일 뿐
대수롭지 않게 언제 그랬냐는 듯
변화된 어제와 오늘의 시간

짓궂은 날은 어제를 탓하지 않고
풍요한 오늘을 탐하지 않기에
삼백예순 날 하늘에 구름 가듯

청춘은 조로朝露하고
세월은 백대百代 과객이어라

멍석

처마 밑, 지게 위에 버려진 멍석

한때 탐스러운 오곡을 널어 말리던 요긴한 물건이다

모깃불 연기 흠뻑 뒤집어쓰며 별빛 쏟아지는 밤하늘 아래 온 가족의 저녁 담소를 나누는 자리가 되기도 했다

아버지의 손때 묻은 보물은 세련된 세월에 제물이 되어

비바람 치는 처마 밑에 쥐들만 들랑날랑한다

오곡이 익어가도 햇빛을 보지 못한 아버님의 넓은 손때 묻은 기억 속에 잠들어 있다

아버지를 닮은 사랑

일제 치하 꼬임수에 빠져
구주 탄광에서 갖은 고난 끝에
귀국하는 선박 창고 속
생쥐가 되었다는 아버지
가까스로 귀국하시어 고향에 돌아왔다

천방지축 사남 이녀와 어머니가
지켜온 오막살이집
마을 뒤 덕룡산에서
흘러내린 넓은 자갈땅 냇가
때마침 그곳에 저수지 둑 쌓고 생겨난 빈터
큰형과 어린 나를 데리고 일궈 놓은 농토
큰 돌은 논둑을 쌓고 삼태기로 자갈흙 골라
마련한 다섯 마지기 논밭

아버지가 밤이면 끙끙 앓는 소리에
어린 나는 동요되어
아차 하는 순간에 일터에서
부드러운 손이 갈라지며 피가 흘렀다
어머니는 쑥잎 따와 지혈시키고
아버지는 삘기꽃을 뽑아와

무명 옷고름을 뜯어 묶어주었다

자갈 똥 밭에 목화와 고구마를 심어
부모님의 등이 굽어질수록 푸르러지는 논밭
그 일에 지쳤는지 객지로 줄행랑친 큰형
겨울이면 목화솜을 타, 방안 가득 쌓아두고
수수깡대로 무명 꼬치 말아 입을 옷 지었다

죽을 고생으로 일군 농토
세상을 재주껏 악착같이 살아온
나 역시 열심히 노력하여 공학도가 되었다

자화상

일정한 시간이면 깨어나는 새벽형 인간이다

눈치 볼 사람 없다며 잠옷 바람으로 엉거주춤 맨손체조에 뻣뻣한 관절로 국민건강 체조 얼굴은 점박이 암갈색이다

아무리 애를 써도 고쳐지지 않는 예리한 눈매지만 그래도 나름대로 무진 애를 쓴다

세면장 거울 앞에 서서 눈 밑에 그려진 팔자 주름에 축 처진 눈 밑 지방 새치 아닌 백발을 탓하며 거울을 바라보며 족집게와 힘겨루기한다

사라진 한쪽 팔을 옷소매에 숨기며 노년에 걷기 좋은 산책길 따라 오늘도 강천산 도보 여행에 가는 세월 붙잡으려 가쁜 숨을 내쉰다

인생의 가을

인생도 어언 가을이 되니
머리털은 삐쭉삐쭉 무서리가 묻어나고
모습은 추수 끝난 들녘이어라

쌓은 덕이라도 많다면 풍성한 가을 들판일 텐데
속절없는 황혼이 앞을 가린다

시시비비 행로에 나뭇잎은 떨어지지만
마음만은 황금 들녘이구나

그래도 손가락질받지 않는 삶이었기에
빈손으로 왔던 인생
아낌없이 털어버리는 마음의 찌꺼기

추억을 아로새기며
남김 없는 후회와 덕목으로
찬 서리 맞은 국화 향기 속에
돌아오는 겨울을 맞이하리라

겹쳐온 재앙

경자년 초 중국 우한의 악귀는
살아가는 침체의 늪으로 파고들었다

겹쳐온 재앙이
우리가 살아가는 틈에 끼여
만남도 말할 수도 없는 장벽이 되고
끝내는 마스크로 입을 가려놓고
애틋한 인간의 정까지 갈라놓았다

세월의 장벽이 되어가도
봄이 되면 만물이 소생하듯
희망으로 변화를 주는 것은
잠시 어두운 터널을 지나고 있음이니라

고뇌와 아픔이 따르는 생일지라도
무딘 가슴에 적응해야 할 삶이라면
세속에 순응하고 대응할 목표를 찾아
겹쳐온 재앙에 자아가 대응하는 삶이다

봄이 오는 전경

엘리베이터를 기다리는 삼월 초일

출근길에 저 멀리 희뿌연 산이 덩그러니 졸며 서 있네

흐린 안개 봄빛 묻고서 간밤에 내린 비에 생기 찾는 나뭇잎,
흠뻑 마셨는지 촉촉하게 젖었어라

지난해 떠나간 제비 한 쌍 날아들어 만물이 기지개를 켜네

봄바람, 깨울세라

소리 없이 내린 비에 임진년의 생기 찬 봄기운

우수에 젖어가는 오늘의 전경이어라

고통의 감내

겉으로는 멀쩡한 모습이다

구차하고 생각하기 싫은 아픔과 얼룩진 상처가 난마처럼 얽혀있다

안전이 제일이라는 말은 급한 현실에 잊고 살았다

불행을 내 것으로 만들었으니 지난날을 생각하면 할 말을 잃고 만다

아프고 쓰라린 세월은 뼈저린 다짐으로 멀리하고자 했다

통증과 생활의 불편이 없어질 거라는 것을 받아들이면 하루가 여삼추라

고생한다는 말도 이젠 무덤덤하여 위로가 되지 않는다

상시에 견뎌온 상흔, 계속된 통증은 평생 나를 괴롭힐 것이다

누가 대신할 수 없는 역경을 견뎌 내기가 벅차고 힘든 생각이 들 때마다 괴롭다

강산도 한 번 바뀌고 더 지난 지금

제때 약을 먹지 않으면 이어지는 통증과의 전쟁이지만 받아들인다

고통도, 나만큼 아프리라 생각하면 눈물이 난다

갈대의 단상

얌전히 굽은 허리
내리쬐는 햇볕 듬뿍
불어오는 찬 바람에 몸 흔든다

흰머리 고운 날
지난 기억 더듬는 노후가 되어
서릿바람에 맞서는 갈대를 본다

흰머리 나풀거리며
꼿꼿한 백발이 되어
암울한 내면 비워 내듯

설한풍에 꺾인 허리
허무해 슬피 운다

덕목의 민들레

끈질긴 생명력에
아무리 뽑혀 놓였다 해도
역경을 이겨내며 꽃을 피워

뜰 앞에 심어 놓고
바라다보는 민들레
자연에 순응하며
살아가는 풀꽃의 성상이다

하얀 머리 검게 하는
회춘의 약제가 되기도 하며
씨방을 날려 보내 영토를 키우고
자수성가에 자립정신의 민들레꽃

아름다운 꽃을 피워
봄부터 벌 나비에게 꿀을 주며
상처와 종기를 다스리는 자애로움
약제나 김치로 자연의 미덕을 배운다

꽃샘잎샘

햇볕 내리비치는 봄날
꽃들 잔치를 탐하는 건
돋아날 싹들에 대한 시샘인가
봄바람에 꽃잎 나비 춤춘다

소리 없는 계절의 풍미
피는 꽃 시샘하는 계절풍에
찬비 내려 다그치니
미련 버린 꽃들 우수에 젖는다

벚나무꽃 화사하게 피어나듯
인생의 풍류 같아
만개한 벚꽃 행복에 젖어
향기 풀풀 날려 하늘거린다

2

연필로 그린 오른손

낙화하는 안타까움
다그치는 바람에 몸을 맡기며
숙명으로 눈물의 꽃비만 흩날린다
-「눈물의 꽃비」 중 일부

새옹지마塞翁之馬

어려서 살아가는 일을 배우며
글 쓰고 공생을 길들이고
성인이 되어 육체를 다스리다
왼손도 모르게 오른손이 희생됐다

농사를 짓는 일과
이공계 전기제품을 다루고,
살기 위한 헌신과 희생을 했건만
순간에 돌이킬 수 없는 실수를 하고 말았다

취미라며 사냥과 낚시 놀이에
하루아침 감전의 대가를 치른
특별 고압 전기는 저승으로의 손짓이다

오장육부에서 다리와 왼팔만 성한 채
오른팔을 잘려 내야 하는 처절함은
오른손이 하는 일 왼손이 대신할 수 없어
망상의 해탈은 일장춘몽一場春夢이었다

부모님이 내려준 성철聖哲을
한목숨 다 할 때까지 지키지 못해

숙명이라는 단어로 자신을 위로하며
한쪽 날개를 잃은 새가 되었지만
새옹지마의 의지로 살아가고 있다

가려진 진실

마스크에 숨겨진 얼굴
'빠끔히 보이는 눈과 눈썹과 머리털'
눈 밑으로 가려놓은 표정은 무엇일까

감싸진 상대방의 모습
몇 번이나 뒤를 돌아보지만
꽁꽁 싸맨 자태가 아리송하다

머릿속을 헤집어도
합법적으로 얼굴 가리기인데
흙을 뚫고 나온 새싹처럼
상상으로 판단하는 감춰진 사람

책을 사면 펼쳐보듯
시제가 궁금하여 읽어보듯이
궁금해진 우편물 내용을 펼쳐보듯
마스크 속 진실은 무엇일까

화통한 모습이 아쉽기만 하다

눈물의 꽃비

계절의 시샘 속에서도
악착같은 힘으로 흐드러지게 피운 꽃
잠을 깬 벌 나비를 초대한다

화사한 봄을 맞아
봄바람도 만끽하지 못한 벚꽃 꽃비
슬픈 눈물의 단상일까
이팝나무 꽃비도 가난살이 달래준다

제 생의 황금기마저 초록 잎에 내어주고
애처롭게 꽃잎이 날리는구나

낙화하는 안타까움
다그치는 바람에 몸을 맡기며
숙명으로 눈물의 꽃비만 흩날린다

사성암

경자년 팔월 초
섬진강 덮친 수해 때
험한 길 따라 십여 마리 소가 사성암에 올랐다
심우도尋牛圖에 구원 기도 왔을까

우연한 기회에 지리산 가는 길
절경이 너무 좋다는 소문을 좇아 찾아간 구례 사성암
순환 버스를 타고 오르니
사백 고지 암벽에 자리한 대웅전
네 분의 고승이 수도하여 바뀐 이름 사성암

숙연해진 마음에 두 손 모아 합장한다
사람도 닿기 힘든 꾸불꾸불 오른 길
경치 좋은 조망에 마음 뺏긴 사찰 앞에
절벽 위의 높은기둥에 의지하고
3층 높이의 약사전이 웅장하다

사성암을 돌아보려고
머리 맞댄 좁다란 산책길
계단을 따라 전망대에 오르니
2월 찬바람이 매섭게 몰아친다

암벽에 매달리듯 달라붙은
대웅전 요사채가 장관이고
염불 소리는 이곳이 선계임을 알려준다

섬진강 변 오가는 분주한 자동차 행렬
확 트인 지리산 전경에 섬진강은 말없이 흐른다

난생처음 거울 앞에서

돌이 갓 지난 외손녀
부르면 알아듣고 시키면 고분고분 따라 한다

벽면에 걸어놓은 커다란 거울 앞에서 낯선 제 모습 앞에 두고 발을 동동거린다

거울 속의 아이는 기분이 좋은지 옷을 추겨 올리고 엊그제 외할머니가 가르쳐준 배를 내놓고 툭툭 두들기며 연신 몸을 흔들며 좋아한다

궁둥이를 뒤로 빼고 연신 꾸벅꾸벅 인사도 하고 좋아서 맞절로 들썩이는 몸짓
거울 속에 아이는 까르르 웃어댄다

몇 차례 반복하던 아이, 아직은 말할 줄 몰라 옹알이며 뒷걸음질로 돌아서며 감촉 좋은 이불을 둘러쓰고 벌러덩 방바닥에 누워버린다

손녀를 보며 내 생이 완성된 날을 생각해 본다
십삼 년 전 환갑의 나이에 불의의 사고로 이 세상을 하직할 뻔한 일이 있었기 때문이다

나는 죽음을 상상한다

사적 모임까지 제한받지 않고 나의 지인들이 바쁘지 않은 때 부슬부슬 비가 내리는 날에

모여든 친척이며 가족들, 인연이 된 동창생이며 친구며 지인들이 찾아오는 데 가장 부담이 없는 날 국화꽃 속에 웃고 있는 나를 보고 지난날 얘기하며 밤새도록 얘기꽃을 피우는 그런 조문이 되었으면 좋겠다

힘든 격변기를 겪고 살아온 삶에서
누구에게도 욕되게 했거나 피해를 주지 않았고
나는 죽음도 가족과 지인들 앞에
일찍이 구차하게 삶을 연장하지 않기 위해
"사전 연명의료 의향서"를 공단에 제출했다

한 가지 못다 한 것이 있다면 적은 돈이나마 사회에 공헌하고 도움이 된다면 장기를 기증한다는 서약서를 준비하지 못함이 좀 아쉽다

잠시 거울 앞에서 나의 미래를 생각했다

명절에 고향길

년 초에 찾아든 우한의 불청객
숫자에 불과한 백세 시대에 거는 기대
비루함을 삭이지 못하고 떠난 사람들
살아가는 것이 꼭 돈만은 아닐 것이다

좀 더 나은 세상 살 것만 같아
그림자 없는 파도에 휩쓸려도
의술을 믿고 무심코 살아왔는데
코로나는 혹독한 아픔으로 다가왔다

중국 우한에서 뿌려진 검은 그림자
무궁화꽃이 핀 대한의 땅에도
고희 넘어 끝내 떠나간 대부분 망자
섭리의 세월을 원망만 할 뿐이다

이 가을 농부의 마음이 풍성하고
조상의 묘소에 벌초도 마쳤지만
끝내 가고 싶지 않은 곳으로 가는 길을
막아서는 원망스러운 코로나바이러스

물에 잠겨 엎친 데 덮친 고향마을

그 어느 때보다 긴 연휴가 되었는데
찾아가면 행여나 짐이 될까?
차마 발길을 떼지 못하는 경자년의 중추절

어머님의 유두날

1960년대 내 고향 나주 봉황에서
어머님 따라 걸어서 오 십리 길
영산포 가람 들대 앞 모래부리에

난생처음 보는 넓은 뜰이 있었고
오가는 나룻배의 신비함을 보며
낯선 체험의 어린 시절을 보냈다

그 시절은 바닷물이
이곳 영산 가람 위쪽까지 밀려왔고
나룻배가 성황을 이룬 영산포 강변
어머님 손을 잡고 따라나선 기억이 있다

음력 6월 15일은 유두날이다

지금 와서 알고 보니, 동쪽으로 흐르는 물에
머리를 감고 목욕을 하면
더위를 안타는 속설인 명절이란다

어머님은 삽으로 모래 구덩이를 파놓으시고
파놓은 모래로 덮어 달란다

철모르고 어머님 몸을 묻어드린 사연

한가람 모래사장
지금은 그 자리에 강물이 흘러
그 옆을 지나칠 때나 유두날이면
어머님이 몸을 모래찜질해드린
추억은 아득하기만 하다

태풍, 콩레이

멀리 북태평양
서쪽 열대 해상에서 발달한 콩레이
중심 부근에 최소 17.2 m/s의
강한 바람을 동반한 중형급 거물이다

태풍의 눈 주변이 강풍반경 300km
무역풍을 타고 비교적 느리게 서북 서진하다가
점차 북상하며 강한 비가 내린다

아침부터 약한 비가 꾸준히 내린다
태풍이 가까워질수록 비바람이 세차게 불어온다

커다란 눈뜨며 위력이 커지면
누렇게 물든 황금벌판은 어찌하라고
중심 기압이 970~930 hpa*의 콩레이
제발 최대풍속 50m/s, 가슴 조인다

남해안으로 부산 앞바다를 지날 때까지
걱정으로 날밤 새우며
이 가을 아프게 하는 시월의 불청객

*헥토파스칼 : 태풍 기압의 단위

경칩

눈보라가 치고
모진 바람이 불어와도
겨울을 넘길 수 있는 건
봄이 기다리기 때문이다

따스한 햇살 속에 채워지는
만물을 바라보며 느끼는 봄

창밖에 부는 바람이
아직은 싸늘해도
앙상한 나뭇가지의 흔들림에도

개구리가 방향 없이 뜀박질하듯
시샘하는 꽃샘추위에도
기어코 찾아드는
춘래불사춘春來不似春

삼지닥나무 꽃

34년 만에 개방된 무등산 길

광주 시민의 생명수 제2수원지 오솔길 따라 걷는다

윤슬 반짝이는 아침 햇살에 옷깃 여미고 연녹색 옷 입은 미니 너덜겅 계곡물 따라 지그재그 흐르는 징검다리를 돌계단을 힘겹게 오른다

용추계곡 따라 중머리재 오르는 석산 길에 반경이 커다란 산 삼지닥나무꽃 무리 등줄기 땀 배니 한 무리 군무 이룬 꽃나무 있어 간밤에 내린 서리에 고개 숙인 가녀린 꽃송이

추위에 저항했는지 키는 낮지만, 2월 하순에 피어 6월 물소리에 열매 맺는다는 용추계곡 폭포수에 빙설이 녹아 흐르는 소리가 정겹다

국립공원 유산의 보고寶庫 무등산 삼지닥나무 꽃

봄날의 작은 행복

뿌연 미세먼지에도 능수버들 실눈 뜨는 봄날, 소복하게 눈이 내렸다

목련꽃 피어나고 매화꽃 산수유 피는 소식에 도심 아파트 입구에 줄지어 선 벚꽃 꽃망울 부풀어 오른 춘삼월도 하순에

쌀쌀한 날씨와 다르게 포근하게만 느껴지는 건 어디선가 불어온 남녘의 봄소식 탓일 것이다

수줍게 실눈 뜬 연록의 빛이 바람결에 가녀린 춤을 추고 세월의 상념만 그렁그렁 어깨를 토닥인다

건너온 세월의 다리, 흔적 없이 사라져 간 삶의 반환점에서 지난 시절은 속절없이 한탄하며

코끝이 찡하게 마음 달랜다

연필로 그린 오른손

감전 사고로 없어진 오른팔에서
끊임없이 흘러나오는 통증은 사라지지 않는다

굼뜨고 어설펐던 왼손만으로
일상의 안팎을 돌보며
어렵사리 자동차 운전하고 밥을 먹어야 하는
사소한 일조차 버거운 긴장의 연속이다

날렵한 오른손이 해야 할 일은
삐걱거리는 팔목과 어깨까지 까마득한데
하늘을 휘휘 저어도
어디로 사라진 오른손은 찾을 수가 없다

왼손은 제 짝이 하던 일까지 도맡아 하느라
손가락 끝이 붉디붉다
아는 것보다 모르는 것이 더 많은 왼손
허공에 연필로 그린 오른손이 잡힐 듯 잡히지 않는다

가장이라는 이름의 멍에를 쓴 왼손아
'내가 인생의 산맥을 넘을 때까지
눈물이 낙엽처럼 붉게 물들어도 떨어지지 말고

동행해야 한다', 혼잣말로 다짐한다

아직 몸으로 돌아오지 못하는 오른손을,
이 세상에 없는 너를
나는 연필로 허공에 그려놓고 하루하루를 살아간다

변해가는 온난화

아열대 나무가 자라고
바나나가 열리는 환경이다
추위에 약한 배나무도 중부 지방에 재배된다
전 세계가 온난화가 되면서
옛날 같은 추위가 없기에 가능한 것이다

겨울이면 눈 구경을 한다며
남부 지방에서는 멀리 강원도나
임실군의 인공 눈썰매장을 보러 갔다

지구의 온난화는
결코 우리나라만의 일이 아니다
오랫동안 쌓인 알프스의 만년설
네팔에서 눈사태에 등산객 4명이 매몰됐다

북반구의 빙하가 녹고
문명이 만든 열기에 밀려
오늘에야 첫눈이 내렸다
화신풍에 홍매가 깜짝 놀라
기지개 켜는 경자년의 늦겨울

우수 사흘 전에
가까스로 남녘에 내린 첫눈이다
옛날에 눈을 치우기 힘들었고
겨울이면 눈썰매를 타곤 했었지
지우지 못한 추억 속에 눈은 무릎까지 내렸다

빠른 세월

초등학교 시절에는
집에 돌아오면 부모님 일을 거들며
낮에는 소 꼴 베고 밤에는 새끼 꼬며
철없는 시절, 어서 성인이 되기를 바랐다

독학과 남 밑에서 배운 이공계
군 복무를 끝내고 그 시절에 보기 드문
전파사의 기술에 자수성가의 황금 시간
돈을 버는 방법만 알았지만 지키는 법을 몰랐다

평소에 아버지의 가르침에
돈이 있으면 땅에 묻으라 했는데
서부영화에 들뜬 말 타고 목장의 꿈은
청춘을 다 받쳐 벌어들인 많은 돈만 날렸다

어릴 적 부모님 말씀에
근면과 성실로 착하고 정직한 가훈
돈다발 풀어놓으면 빨리도 바닥나듯이
이순이 내 운명의 전부였을까? 죽음의 고비

자녀들은 집사람의 보살핌으로 잘 자랐지만

죽음의 문턱에서 살아 나
장애인으로 문학인이 되어 칠순이 되고 보니
헤프게 가는 세월 돈다발 풀어쓰는 것만 같구나

아침노을

새벽까치 울음소리에
창문 열고 바라보니
동쪽 하늘 붉게 물들어있다

가로등을 잠재우고
서서히 밝아 오는 아침
도심에 높은 빌딩
서광을 둘러쓰고 깨어난다

쌀쌀함이 얼굴을 스치며
한낮의 무더위에 대해
아침 놀이 점을 친다

유월의 초입에서
변화되는 기상 이변에
십자가의 불빛도
아침노을처럼 붉다

오월의 장미

오색찬란한 사랑의 꽃송이
붉다 못해 검붉은 수줍음으로
노랗다 못해 샛노랑 질투로
오월의 푸른 하늘과 입맞춤한다

아름다움을 통제할 수 없는 장미꽃은
마음속에 붙잡아 두기에는
뒤돌아서면 잃어버릴 것만 같아

수만 송이 장미꽃 송이가
카메라 렌즈를 붙잡는다

놓쳐 버린 행복과
사랑마저 식어 버린 감동이 되고
사랑은 추억이 되어
숨 가쁜 몸짓으로
오월은 행복함으로 영글어간다

가을의 정취

갈바람에 말없이 속살 드러낸 억새
철없던 청춘의
그 여린 꽃의 기억들
흔들린다

가파른 생의
비탈길까지 가득 채우며
흰빛의 혹독한 고독
둥글게 싸매져 서 있다

바람과 춤추며
계절의 속삭임 되어가는데
푸르렀던 그때 그 시절

천방지축 피어났던 초록의 시간
오색 찬란한 저 아득한 빛깔
아직도 부여잡고 싶은 것들
모든 것이 다 바람의 영역이었다

자디잔 한숨으로 나풀거리는 억새
꼿꼿한 그리움도 나이가 들어

텅 비어 가고
지나온 시간이 섧기만 하다

가을담쟁이

감동이 보릿고개

고통의 감내

그 곳을 지날 때면

그리운 고향

멍석에 넋두리

배달된 초봄

본받은 부모님의 사랑

신록은

인생 새옹지마

3

당신은 나의 전부

노란 단풍 빨강 멍이 든 신세
그도 이제는 망팔望八이 되나 보다
그토록 발버둥 처대던 시절도
네 마음 포기한 것을 나는 알겠다
-「가을 담쟁이」 중 일부

개구리알

제2수원지를 끼고 용추폭포로 가는 길
졸졸 산골 물이 모이는 곳
투명 점박이 수북이 엉켜있다

뒤따르던 아내가
한 옴큼의 알 무더기를
이것이 뭐냐며 등산용 스틱으로 건드린다
나는 그만 소리 질렀다, 하지 마!
그건 개구리알이야!

어느새 유충이 크게 자랐다
지나가는 등산객이 한 마디 거든다
계절이 어수선하고 제멋대로니

산골 물은 차가운데
기다리고 있는 따스한 봄
개구리도 반칙하는가 보다

바이러스

누가 퍼뜨리고 갔는지 알 수 없는
이름 모를 바이러스여
알 수 없는 두려움이 엄습해
우리를 공포로 내몰았다

virus가 무섭다
너나없이 만남을 억제하면서
공기 중에 퍼진다며 미세먼지를 거르는
미세마스크를 독려해왔다

2년을 넘기는 마스크 쓰기는
일파만파 파문 이룬 잔물결은
7백만여 명의 중증 환자를 양산했다

영면의 길은 가려진 일상이 되어
세계적 코비드 발병을 줄인다며
서둘러 만들고 3~4차례 맞는 백신주사

2년을 넘기고 5월부터 완화되고
유월에야 야외서 마스크를 자율로 하는
하루평균 1만여 명의 확진 환자 파문
잔물결 속으로 잦아들려 하고 있다

훈훈한 나들이

얼룩무늬 갓모자로 햇빛 가리고
밝은 햇빛을 선글라스로 차단하며
준비해온 배낭을 등에 업는다

담양호 수변을 감고 도는
인공으로 만든 데크길 따라
한참을 걸어가니 경사진 숲속에
진초록 숲길이 열리고
감이며 꾸지뽕이 알차게 얼굴 내민다

올여름 가뭄에 바짝 마른 호수는
수몰되기 전의 우물과 돌담을 드러내었다

중간마다 조성된 등산길 쉼터에서
어디선가 찾아온 등산 동호인들이 모여
이제야 늦은 점심을 먹나 보다

지나치는 우리에게 젊은이의 안내
여기서 식사 함께하시고 쉬어 가시지요
고맙다며 그분 앞을 보니
겨우 김밥 한 줄 놓고 먹으면서 말이다

권하는 말 한마디 훈훈함은
청명한 하늘 아래 인심도 고와
이 가을처럼 나들이를 즐겁게 한다

가을 담쟁이

잔솔이 어우러진 숲속에
소나무에 기대 오른 담쟁이
키 높은 나무에 몸을 맡기고
가을을 노래하며 손을 흔든다

기를 쓰고 오른다
소나무는 귀찮다고 해도
신세 좀 지자며 붙들고 놓지 않는다
넝쿨손을 놓칠세라 휘어 감고는

오늘은 바람도 없는데 손사래 춤을 춘다
긴 한숨을 쉬며
초록도 지쳐버린 가을이 오니

노란 단풍 빨강 멍이 든 신세
그도 이제는 망팔望八이 되나 보다
그토록 발버둥 처대던 시절도
네 마음 포기한 것을 나는 알겠다

너와 나의 신세가 유유상종인 것을

그곳을 지날 때면

무명 목도리 빠끔히 눈만 내밀고 아버지를 따라가던 어린 시절, 눈보라가 앞을 가리며 고드름이 서린다

푹푹 빠지는 들판의 눈길을 걸어서 할아버지 제삿날에 찾은 영산포 신기촌

국도 1호선에 평산교가 있는 곳, 강산도 여섯 번이나 변한 시절, 효자 열녀각이 그 옛날을 말해준다

외아들은 6.25에 전몰자가 되어 아들과 남편을 잃은 설움에 지친 큰어머니 주름진 눈망울, 1남 4녀의 자녀를 두셨지만, 오직 우리를 기다리신 큰어머니

모두가 떠나시고 기억은 희미하지만 새로 뚫린 영산마을 옆을 지날 때면 극심한 눈보라가 치던 겨울의 추위

그 추억을 되돌아보는 할아버지 제삿날

당신은 나의 전부

설마 하며 살아감에
내게도 힘든 시간이 있었을 때
당신은 나의 힘이었습니다

항상 내 곁을 지켜주고
언제나 나와 함께 해준 사람

그 사람이 있었기에
오늘의 내가 존재한 것입니다
비록 장애인이 되었지만

살다 보면
강단했던 나에게도
뜻하지 않은 변고가 있을 수 있는 것이
생명을 가진 자의 숙명입니다

설마!
라는, 것이 내게 찾아왔습니다
정신을 잃고 방황할 때
당신이 손잡아 주었기에
살아남을 수 있었습니다

정들어 머물다 떠나갈 삶에
수족이 되어주기에
따스한 온기가 나를 감싸고 있습니다

당신의 소중한 온정이
오늘도 나의 편안함이 존재하고
'그 사람이 있기에' 오늘이 있습니다

깊은 곳에서 내 마음을 꺼냅니다
쑥스럽고 화끈거리지만
<당신이 진정 고맙고 당신을 많이 사랑합니다>

금둔사 납월매

곧은 마음과 절개

차가운 추위를 감싸 안으며
입춘을 앞에 두고 꽃을 피운다

거센 눈보라와
시샘하는 늦겨울에도

선종 사원 금둔사
여섯 그루 매화
눈물겨운 꽃을 내어주는 설중매*

모진 고난에도
매화의 고결한 의지를 본다

봄날을 손꼽는 그 자태
눈이 내려도 여유롭게
웃음 짓는 납월臘月 홍매화**

*음력 섣달의 별칭(양력 1~2월)
**가장 일찍 피는 토종 매화

기다린 그런 날

어느 봄날 소리 없이 찾아든 코로나바이러스에 온 세상이 조바심과 계속된 공포와 두려움에 살고 있다

마스크라는 입 덮개를 쓰지 않거나 알 수 없는 사람과 함께하여도 행여나 감염될까 조바심에 살아간다

평온해야 할 호수에 어디선가 날아든 돌이 파문을 키우니 먹구름 속에서 소리 없는 전쟁을 치르고 뜻하지 않은 감염자와 확진자가 파도를 타며

언제쯤에나 백신이 개발되어 살아감이 자유롭고 경제도 살아나고 부모 형제며 친구들도 만나고 마음 놓고 살아가는 그런 날을 기다린다

나를 울린 젖소 목장

수입한 젖소를 시작으로
젊음을 바쳤던 목장
목부를 두고 많은 젖소 키웠다

커다란 외양간에 틈틈이 늘려간 젖소들
먹고살기가 편한 세상이 되니
젖소를 돌보는 일꾼이 귀한 몸 되어

한 몸에 많은 짐을 질 수 없는 진리
더는 버틸 수가 없는 몸이 되어
한시름 털어내려 쓰린 가슴 달래며
큰 손실을 감수하고
젖소 목장을 접어야 했던 지난날

어쩌다 고향 집에 찾아가면
아픈 가슴 짓누르는 추억은
고향 지키시는 형님의 창고가 된
커다란 외양간은 전설처럼 나를 울린다

발자취

하얀 눈 위로
인생의 한 축이 점점이 찍힌 발자국

사람들은 이름을 남기기를 원한다
녹아버리는 자국보다
후세에 길이 남기를 간구한다

검증되지 않은 업적을
새겨 세운 묘비도 있지만
시대의 흐름에 방해가 되곤 한다

속담은 말한다
호랑이는 가죽을 남기고
사람은 이름을 남긴다며
한 줌 살아옴을 남기기 위해

문인이라는 길에서
뭇사람들에 지워지지 않은
명시의 발자취 남기기 위해
한 권의 문집을 발간하는 것이다

남해 관음포에서

대한의 땅
삼천사백여 개 섬 중에서
네 번째로 큰 섬 경상남도 남해
고려 때 일곱 명의 위리안치
조선 때 일백칠십구 명의 유배의 섬 남해는

고려말 정지 장군이
47척의 배로 120척 약탈 군을 물리쳤고
수많은 공적과 왜구를 물리친 최영 장군
조선 시대 150척의 판옥선은 500척의
일본군을 물리친 명성 높은 영웅 이순신

수군이 발달한 일본군을 이겨낸 곳에는
그 시절의 남해군민들이 스스로 세운
남해 고현면 중앙시장 내에 정지탑鄭地塔
오늘날에 육지와 연결된 네 번째 큰 섬은
다리가 없는 시절 유배지의 남해

세 분의 의병 장군의 전략적 격전지
하나뿐인 목숨을 전략지에 묻어놓고
섬 아닌 육지로 변한 충무공의 얼이 숨 쉬고

남해에는 울창한 송림이 감싸고 있는 곳에
세 분의 충혼의 넋을 기리는 남해 관음포

삼천포를 이어주는 창성 대교며 하동을 잇는
남해대교 건너면 '무민공武愍公의 최영 장군.
'경렬공景烈公 정지 장군의 수훈 관음포 대첩지'
이순신 장군을 추모하는 '충렬사忠烈祠'가 있다

눈을 뜬 백제 미륵사지

2월의 봄바람에
찾아 나선 익산 미륵사지
넓은 잔디밭에 우뚝 선 구층 석탑
새롭게 단장된 당간 지주와 백제 석탑
그 옛날 모습으로 복원된 자태다

오십여 년 전
발굴하여 복원되었다는
기둥 받침대며 부족한 기단석 옥개석 등
황등의 화강암이 부족분을 메꿔 채워
2015년에 유네스코에 등재된 기록 남아있다

국보 제11호는 보물 제1991호로 바뀌며
639년 정월 탑을 세울 당시 봉안된 사리공
사방 3칸 석탑 중앙에서 눈을 뜬 백제의 진실이
미륵사지 석탑에서 9,947점 유물이 발견되고
불경을 설법하는 강단 지는 기초석만 남았다

한쪽에 쌓인 유물 석재는
복원을 기다리는 고적한 풍경
용화산 자락 아래 백제의 화려한 시간 여행

묻혀 버린 미륵 삼존불상 세월은 진실이 그려지고

1370년 만에 세상에 백제의 역사를 밝혀주고
따스한 봄볕은 흰 구름에 머문다

도루묵의 추억

1970년도 해병대 진해 훈련소
열중쉬어 차렷! 열 차! 열 차!
동작 봐라! 까랑까랑한 교관의 목소리
쪼그려 뛰기 100번 복창 시행한다
모두가 실신 직전의 훈련이다

귀관들 목소리가 그뿐이야!
아닙니다 기압이 바짝 들었다
귀관들, 귀관들 행동이 그뿐이라면
팔 굽혀 펴기 100번을 복창하고 시행한다
기를 쓰고 팬티 바람 엎드려 자세를 취한다

훈련병이 옆으로 줄줄이 고꾸라졌다
엎어진 훈련병을 군홧발로 차 버린다
넘어지다 다시 엎드려 자세를 반복한다
50번, 100을, 안간힘을 다 써보지만
모두가 가쁜 숨을 몰아쉬며 일어선다

50m 전방의 축구 꼴대를 돌아온다
선착순 10명 실시를 복창하며 기를 쓴다
3월의 진해, 녹아난 훈련 시절

고된 훈련도 도루묵국에 곧장 잊어버리는
이 겨울이면 생각나는 도루묵 추억

빈손의 길

세월은 비움일까

식객의 욕심도 허욕과 허상의 갈증도 또 비우니 하늘도 푸르다

뱃속이 가득하니 거북함만 가득하고 살아감의 고뇌에서 이제는 내려놓아야 할 세월

무거운 짐 버겁게 지고 어렵사리 가는 길

이제는 정상이 가까워지니 9부 능선에선 내려놓고 비워라

고운 단풍으로 물이 들어 뒤따르는 관객의 박수를 받으며 아름다운 노을길을 가야 하리

부익부는 옛말이 되고 빈익빈으로 가야 하는 길

빈손으로 왔기에 가는 길을 비우고 집시의 배낭은 낭만으로 향하는 길이라네

도솔암 소나무

전라북도 고창군 선운사
불자들이 많이 찾는 도솔암 가는 길에
사백여 년 버티고 서있는 소나무
세월의 흔적을 고스란히 안고 있다

본당에서 암자를 오가는
수도승의 기도를 얼마나 많이 받았을까
묵중한 자태로 꿋꿋하게 서 있다

초봄에서 한겨울까지 행락객의 불심을 돋아주고
소망을 비는 간구를 얼마나 받았는지
변함없는 모습으로 떳떳하게 서 있다

일 년이면 소수의 등산객이 다녀간
도솔암 벽에 등 굽은 나이배기 소나무
시제 때나 찾아 주는 우리 선조 산소에
볼품없는 소나무와 다를 바가 없구나!

초봄 예찬

한 발을 설 명절에 담근 채
봄의 탄생을 기다리는 입춘

졸졸 물소리에 움튼 버들강아지
아지랑이 피어나는 봄빛 여운
숫처녀 젖가슴처럼 눈 속에 꽃이 피고
부풀어 오르다 배시시 웃는 꽃망울

생각만 해도 그 영혼 깊숙이
생동감 만끽하고 싶다
물안개 순수함이 듬뿍 든 또 하나의 신비

응달 밖 호수에 얼음이 녹아
방죽 아래 여린 쑥, 냉이가 생기 품는 공원

복수초 매화꽃 그 함박웃음 보고 싶고
고산에 눈 녹아내리는 양지바른 곳도 가고 싶다
기다림과 희망이 솟구치는 2월엔
따스한 사랑이 가득한 봄을 즐기고 싶다

4

부모님께 바친 동백

일곱 빛 무지개를 잡는다며
옆집 또래와 한없이 쫓아가면
무지개는 계속 저만큼 물러섰다
-「무지개 꿈의 망상」 중 일부

두물머리에서

경제를 살찌우고
풍요를 만들어주는 원천
금강산 옥밭봉에서 발원한 북한강과
강원도 금대봉에서 시작된 남한강

힘차게 흘러서 장엄한 기세
기적을 낳고 만든 두물머리
운길산 자락의
수종사에서 내려다보는
도도한 물줄기를 고고히 바라본다

창 넓은 삼정헌三鼎軒*
카페에서 바라보니
에너지와 기운 받고 태어나고 자란
다산 정약용의 여유당에서
강진 유배지의 한을 찻잔 속에 담는다

숫 강과 암 강이 도도히 만나는
양수리의 두물머리
물안개 절경과 저녁노을에 상념에 빠진다
소원 비는 느티나무 아래서

네팔의 특별한 푸자*의식이 떠오르며
두물머리의 기적을 아련히 기려본다

*두물머리 부근에 있는 카페
*네팔에서 열리는 종교의식

수호천사의 위로

아지랑이 가물거리는 기억 속에서
박제된 지난날을 돌이켜보면
무아지경 겁이 없는 시절이 스멀거린다

두 다리, 두 날개가 있어야!
균형 잡힌 삶인 것을
환갑의 나이에
한쪽 팔을 잃는 장애인이 되었다

쓸모를 잃어버린 한쪽 팔 때문에
통증으로 사는 것이 너무 지겨워
걸맞은 유명 의사를 찾은 상담은
의사로서 해줄 것이 없다는 답변뿐

어렵게 찾아가 상담을 하면
다른 곳과 똑같은 의사의 답변에
실망에 가득 찬 원성은 급기야
오른팔을 잘라 달라 애원했다

절망을 다독이며 위로하는 말
원망과 후회는 각서로 대신하고

비록 오늘날까지 살아남은 건
그래도 진정한 수호천사 은덕이 아닐까

목사골 천년 나주

담양 용소 시원지를 떠나 나주평야를 적시며 도도히 흐르는 영산강

벌 나비가 홍정하는 유채꽃 피우며 승촌보에서 죽산보 가는 자전거길, 영산포에 실려 온 강변의 홍어 축제, 황포돛배 유람선 축제에 쉬어간다

25년에 걸쳐 복원한 사대문, 태종 4년 때를 재현한 목사골은 동헌 정문에 들어서면 금성관이 늠름하고 향교에 서성문, 남고문, 등 역사의 등불 나주 곰탕에 홍어 술안주

천주교의 움을 틔운 정약전과 정약용, 마지막 밤을 묵어가던 나주 율정점, 정약전은 흑산도로 정약용은 강진으로 기약 없이 헤어졌다

압해도를 시작으로 안좌, 비금, 도초 자은 모두가 예전에 나주목에 속한 섬들 혜종 임금이 10일간 머문 도읍, 뒤돌아본 영산강의 물굽이 변함없고 인정이 넘쳐나는 천년 목사골은 역사의 자랑이다

무지개 꿈의 망상

유년기에 따라나선 무지개
소낙비가 그친 후 햇빛이 뜨면
깨끗한 물이 있다는 샘물 쪽에
오색 무지개가 둥근 반달을 그렸다

일곱 빛 무지개를 잡는다며
옆집 또래와 한없이 쫓아가면
무지개는 계속 저만큼 물러섰다

어른이 된 오늘날에는
내가 사는 곳이 도심이어서일까?
그 많은 문인의 시고詩藁에
무지개 시의 소재를 본 적이 없다

아마도, 공해가 심한 오늘날에
뭇사람들에게 멀어진 화려한 꿈
무지개 곱게 뜨는 그런 날을 그리며
공해의 요람 속에 꿈으로 승화된다

부모님께 바친 동백

고향 집이 보이는
산등성이 아버님 묘소에
15년 전 봄날에 내가 심은 동백나무

2008년 고난으로 내가 사경을 헤맬 때
합장으로 형제가 모셔 온 부모님 산소

이장할 때 나는 병석에 누워
불가피하게 불효자가 되었는데
부모님과 함께 이곳으로 옮겨져
내 마음의 꽃을 피우는 것인지
해마다 꽃다발처럼 꽃을 피운다

구정이 되어
부모님께 성묘를 하려 하니
소나무가 우거진 묘소 앞에 옮겨져
동백꽃은 빨갛게 눈물을 흘리고 있다

살아 못다 한 효도에

어머님, 아버님께 송구한 마음뿐

나 대신 슬픈 가슴 저미며
동백이 뚝뚝 눈물을 떨구나 보다

삶의 깨달음

열심히 산다고
반드시 잘 사는 것인지
이것이 세상살이 근본이 된다면
산다는 것이 얼마나 힘든 일인가

안갯속에서 길을 잃고
헤매듯이 마음은 참아야 하고
태양을 보며 힘껏 힘내라 하며
바람이 불어도 맞서 보라 하고
돌이켜 물으니 쉬면서 가라 한다

그런데도 살아야 하는 것은
지금까지 살아온 것이 아깝고
풀잎에 스친 바람도 행복한 모습인데
살아갈 날이 많지 않아 자문해 본다

선인들은 한결같이
높은 산도 올라가서 보라하고
피어나는 연꽃처럼
더러워도 참아야 한다고 하며
파도처럼 부서지며 부딪혀도 보라하고

바닷물처럼 넓게 보고 살펴보고 살라 한다

이해와 배려로 배우면서 살며
감사하고 사랑하며 늙어가는 세상살이
깨달음으로 자신을 알게 해준 삶이어라

손녀, 담은에게

제2의 인생을 사는 나는
환갑이 넘어 문단에 등단한 후
세 권의 책을 발간했다
할아버지 책을 다 읽은 손녀가
저에 대해 아쉬움에 낙담이란다

서로 자주 마주하고
대화하여야 하는데
시심에 범주하지 못했구나

결혼 후에도 직장 문제로
서울에 떨어져 사는 아들 내외
옛날 풍습은
시부모를 모시고 2, 3년을
함께 살고 새로운 살림을 차리는데

결혼 후
직장 따라 살다 보니
할아버지 시집 속에
두 손녀가 보이지 않은 벽에 갇혔구나

그래도 먼저 낳은 손녀 연서는
할아버지 할머니와
접하는 기회가 많았는데
두 살 아래 터울인 담은이는
자주 만나는 기회가 적어서 그랬구나

담은아! 미안하구나
앞으로 할아버지 할머니를 자주 만나서
시집 속에 잊혀지지 않게 하자구나!
두 손녀뿐인 할아버지
앞으로 자주 만나고
정을 나누는 시간을 만들어 보자

시심은 자주 만나고
많은 정을 통해 탄생하는 것이기에

가련한 부정父情

광명역 plat form에 어린 딸 남겨두고 공무원 교육을 받아 한 등급 승진된 기쁨도 잠시 머나먼 타향으로 임직을 받아 올 줄이야!

일 년이면 돌아온다지만 기약마저 아득할 뿐 엊그제의 옛일들이 밀물처럼 몰려온다

대합실 안 전등불이 차창으로 환하게 비출 때 서서히 출발하려는 열차의 움직임에
그간의 상념에 아쉽기만 하여라

그렁대는 애잔함이 밀물처럼 밀려올 때 무심한 열차는 소리 없이 멀어져 가네

고이 품어온 막내딸을 두고 가녀린 마음만이 철길처럼 이어지는구나

인동꽃

새벽 공기를 마시려 나선 길
걷는 발걸음을 멈추게 한다

오롯이 상쾌한 아침 공기
색다른 향기가 한눈을 판다

두 개의 화방으로 찬 이슬 머금고
노랑 꽃잎 흰 입술에
여섯 개의 길게 난 눈썹

아침 햇살에 드리운 수줍음이
서성이는 이 아침의
향기로 보답하는 자태

강인한 자태로 인동꽃 피우니
헌신과 사랑으로
찬란하게 피워낸 금은화여

아쉬운 세월아

곱게 자란 몸통에 옹이가 박혀서
세월에 멍이 든 무게의 상흔은
사무친 생의 길에 숨겨진 아픔으로
가슴속에 시리고 아려온 아픔이다

그 속을 아는지 모르는지
소슬바람은 가지 끝에 흔들리고
잠시 쉬어가는 낮달의 상념은
푸념 없는 옷깃에 정처 없이 매달린다

조용히 눈을 감고
말없이 지난 세월 더듬어보면
바쁘다는 핑계로 밀려난 사랑은
아쉬운 한숨 속에 녹아나듯 스며든다

가끔은 그리움이 솟구치지만
빈 가슴 한가롭게 채울 수 없는 아쉬움
열 것도 없는 빗장을 벗겨 보아도
숨 가쁘게 달려온 한 많은 지난날

붙잡지 못한 굴곡진 미련은

세월의 바지랑대 이슬로 반짝이고
뜬구름에 길을 잃고 아쉬움에 서성인다

자신에게 처한 운명

따스했던 햇볕은 구름에 가려지고
하늘에서 천둥 번개 친다

준비 없이 맞는 비바람
네댓 사람이 한자리인데
전기 담당자가 따로 있는 전기실에서
당황하며 떨고 있는 젊은 담당자가 애석해
성질 탓에 보고만 지나쳐도 되는 일에

관리도 안 된 조작봉* 달라고 하여
막힌 전기를 트려 했던가
만물을 가리지 않은 비바람
낡은 우산 받쳐 들고 나선 사람을
구별인들 할 것인가

전기는 습한 것을 좋아하기에
오래된 공구 자루 타고 불결한
오물이 전한 습기에 흘러
산화된 접속 전류를 트려 했을까?

인정사정도 따로 없는

조작봉에 흐른 전압은
강하게 접지된 철재 문짝 닫자마자
오른손에 전해진 수만 볼트에 전압이 흘러

정신 잃고 떨어지니
몸은 갈기갈기 성한 곳이 없어져
정황 모른 집사람만 몇 달째 고생길
생명은 부지했건만 장애인이 되어
불편한 것과 불편하지 않은 것 사이에 낀 채
때로는 통증을 이기며 피는 꽃이 된다

*쓰지 않고 오래 방치된 특고압 수동 조작봉

잃어버린 계절

계절은 분명 여름인데
인도에 피어있는 코스모스
군락으로 때 이른 꽃이 피어
서걱대며 달려드는 쓸쓸한 계절

초라해지는 마음
흔들리는 꽃을 보면서도
세월에 익숙한 탓이리라

해가 지면 달과 별이 빛나는 건
어둠이 품는 사랑일진대
일 년 동안 변한 계절의 포근함

덧없이 흘러간 조각배 노을 되어
가는 세월 붙들고 추억에 집착한다

인류이 저지른 변화의 산물들
온난화로 자신들이 끌어내린 건
편하다고 자연마저 내팽개치는 현실
지난날이 그리운 부질없는 미련이리라

장모님 제삿날

정월 열나흘 밤은
3주기 장모님 제삿날이다
단독주택 자택에서 돌아가셨고
오늘 밤 제사도 눈에 선한 그곳

큰사위가 된 내가 주관이 되어
東頭西未 紅東白西 棗栗柿梨
지방도 써 붙이고 향불을 피워
들어오실 문을 조금은 열라고 했다

큰처남에게 술잔을 올리게 하고
제축문도 큰소리로 흠향했다
세대 따라 변화된 제사 시간
장모님은 자손 품으로 오셨다 갔다

해시도 되기 전에 철수한 제삿날

접시꽃

편안하게 피워내는 하얀 꽃
접시 닮아 접시꽃이라 불렀을까

이 여름 장엄하게 꽃 피운다

덕두화德頭花, 접중화接中花,
촉매화觸媒花, 판오금瓣五荃,
생김이 필요 따라 그 이름도 많은 꽃

층층이 올려 피며 풍요를 갈망하는 꽃말에
포개지듯 피워낸 접시꽃

담장 넘어 야망을 품고
홍당무 되어 얼굴 내밀며
넌지시 담 너머로 손짓을 한다

*꽃말 : 풍요, 야망, 평안

초봄의 이변 정취

설한풍 부는 겨울
예측 못 한 비가 내리고
오십 년 만에 강추위 찾아들어
봄의 길목은 하얀 세상 되었다

오는 봄 화들짝 놀라서 달아나지만
절기에는 당하지 못하는지
내의를 벗어 버리고 나들이 가던 날

양지바른 연못에는
갓 태어난 물고기 물결에
지나가던 두루미의 염탐
애꿎은 키조개 길을 내는 나들이에
새봄을 갈구하는 미물의 희생된 초봄

세설細雪이 바람에 날리고
매화꽃은 초라한 눈웃음으로
동백꽃을 따라 웃지만
아직은 설한풍이 함께하잔다

낙조의 바다

바다가 오라 하여
내비게이션을 따라가니
백사장에는 갈매기만 노닐고
갯벌은 물길을 품고 있었다

그토록 커 보이는 바다에
철썩거리는 파도는 뺨 위에 부서지고
갯벌 냄새만 콧속으로 달려든다

저 멀리 밀려난 바닷물
바다를 줍는 아낙들, 그 너머엔 하얀 물보라
흰 물결 굴러와 방파제에 멎는다

바다 갯내음 차 속으로 밀려들고
외롭게 수평선 물보라 치며
낙조에 타는 바다는 울고 있었다

극복의 파도

내게 닥친 그늘
그것을 운명이라 말할까?
그것을 극복하는 건
그냥 받아들이는 거야

갑자기
큰 파도가 일 때
정신과 마음으로
무심코 극복하며
자아의 탈출구를 찾는 거야

앞으로 전진
후퇴는 불행을 자초하는 길

슬퍼할 여유도 시간도
주어진 운명이기에
부딪쳐야 할 극복의 시련

이 또한 이겨냈다면
더 큰 파도도 이겨낼 수 있다고,

실재한 문장 속 인식과 전환적 사유

박 철 영
(시인, 문학평론가)

우리가 추구하는 문학의 끝단은 어떤 형태를 하고 있을까? 종종 그런 생뚱한 의문을 가진 적이 있다. 그러면서 시를 쓰려는 사람들의 일반적인 의식에 대한 궁금증과 더불어 창작하는 순간의 표정을 상상해본 적이 있다. 시집 속에 담긴 시를 앞에 놓고 그런 생각을 한다는 것이 어이없는 것 같지만, 그렇지 않다는 나름의 생각이 있다. 궁금증에 답이라도 하듯 정찬열 시인의 제4 시집 『연필로 그린 오른손』을 만나게 되었다. 누구나 시인이 되기 위해 각고의 고통을 마다치 않고 번민의 시간을 보낸다. 그것도 모자라 불확실성에 대한 불안을 덜어내기 위해 수많은 시들을 읽고 학습하는 과정을 거치는 것이 상례다. 그렇지만, 그런 과정을 거치지 않고 자신의 삶에 대한 진지한 신뢰를 갖고 문학의 장을 펼쳐 든 시인도 있다. 여기에는 공통의 요소가 존치하는 데 문장이라는 틀 안에서 삶으로 이해되는 출구적 발화를 시도했다는 것을 알 수 있다. 한 권의 시집 속 분량은 시인마다 달라 획일적이지 않지만, 대략 60여 편으로 편집됨을 알 수 있다. 결국 내용을 보면 삶과 연관된 사건을 시라는 형태로 환기하거나 변주한다는 방증이다. 한 편의 시적 언어를 완성하기 위한 고뇌의 시간은 일상을 옥죄는 고통이다. 그렇다고 그 결과가 매번 만족할만한 시적 성취로 이어지는 것도 아니다. 그만큼 시 한 편에 담긴 시인의 투혼은 쉽게 가늠할 수 없는 무한한 것으로 가볍게 봐선 안 된다. 세상을 살아가며 느낀 감상을 언어로 정제해내려는 사유의 가감과 상상력은 결국 문장을 통한 생의 비의를 탐색해내는 작업이다. 그 비의란 것도 문장을 통해 발설되어 많은 사람에게 읽히면서 공감의 영역으로 대상화된다고 볼 때 시에 함의된 문장력은 시인마다 차이가 있을 수밖에 없다. 하지만, 삶 안에서 발현된 진정성으로 바라본다면 시의 내용 속 공감을 통해 모두의 것이 된다. 정찬열 시인의 시적 사유가 지향하는 좌표가 의식세계를 향해 열려 있다면 그 지점을 찾아가는 데 있어 중요한 지표는 당연히 문장인 것이다. 종종 시적 은유를 통해 은밀하게 감춰진 것이라 해도 고백의 진정성으로 접근한다면 문장이 지향하는 범주 안에서 이해가 가능해진다. 인간의 내면에 자리 잡고 있는 심정적 근원이 지향한 순수한 지점을 공감해보고자 한다.

삘기 꽃이 하얗다

가슴 시린 보릿고개

봄은 저만큼 가버렸지만 어릴 적 잘도 찾던 한 줌의 삘기

트로트 노래 경쟁 속에 나이 어린 가수가 박수받은 그 노래
"아이야 뛰지 마라. 배 꺼질라."

젊은이들은 알까 한 많은 보릿고개를

봄이면 언덕을 헤매며 허기에 뽑아 든 한 주먹 삘기, 감또개 먹으며 배고픔을 달래고

송기松肌 껍질 벗겨 먹었던 앙금 같은 세월

삘기 뿌리 칡넝쿨에 찔레 순을 꺾어 먹었던 그 시절

한 많은 보릿고개

- 「보릿고개」 전문

화자는 "삘기 꽃이 하얗다"며 추억을 연상하며 상기시킨다. 그런 사실은 체험한 사람만이 알 수 있는 구체적인 묘사로 아련한 과거 속 추억에 근거한다. 사실 '삘기'는 지역마다 이름이 다르다. 보통은 '삐비'로 많이 알려진 초본과 식물인 '띠풀'로 봄에 올라온 꽃대를 가리킨다. 띠풀 그 자체가 생명성도 강해 풀매는 아낙의 억척같은 호미질에도 아랑곳하지 않고 잘도 살아난다. 전형적인 농촌의 풍경을 대변하는 뚝방에 자랐던 '삘기'에 대한 추억이 시적 감성을 부양하고 있다. 시인이 살아온 내력을 가장 선명하게 보여주는 <보릿고개」란 시를 그래서 뽑아 들었다. 이런 추억을 간직하고 있다면 가난과 빈곤한 일상을 살아온 세대임이 분명하다. 필자도 그런 세월을 겪었기에 향수를 잊을 수 없다. 항상 배고픔에 대한 욕망이 되어 버린 봄기운이 좋은 것만은 아니었다. 방천 가에 꽃대가 올라올 즈음 '삘기'는 아이들에겐 허기를 채우는 간식거리가 되곤 했다. 그런 '삘기'를 한 줌씩 손에 쥐고 알갱이를 까먹는 재미도 고픈 배를 채우려는 욕망의 해소인 셈이다. 한없이 올라오던 '삘기'지만, 며칠만 한 눈을 팔면 꽃이 하얗게 피어 봄 하늘을 향해 흔들어대기 시작

했고 아쉽지만, 먹거리가 될 수 없다. 그럴 때 어른 들은 '삘기'가 패버려서 더는 먹을 수 없는 것이라고 말했다. '삘기'는 꽃이 완연하게 부풀어 피기 전까지만 먹을 수 있는 것이다. 그렇게 한참 더 지난 뒤에야 보리는 통통 불은 허리쯤에서 배를 풀어 연한 보리 이삭을 뽑아 올리기 시작한다. 그때쯤 땅기운을 가득 받아 매운맛을 뿌리에 채운 냉이가 깨알 같은 꽃을 매다느라 바빠진다. 몇 년 전 '보릿고개'라는 트로트 곡이 유명세를 탄 적이 있었다. 모 방송사의 트로트 경선에서 13살 시골 소년 정동원이 열창을 하여 '보릿고개'라는 트롯곡은 세대를 넘은 공감을 유감없이 보여주었고 화자에게도 잊곤 살아온 기억을 상기시켰을 것이다. 화자가 건너온 세월의 고통을 고스란히 보여주는 "봄이면 언덕을 헤매며 허기에 뽑아 든 한 주먹 삘기, 감또개 먹으며 배고픔을 달래고/ 송기松肌 껍질 벗겨 먹었던 앙금 같은 세월/ 삘기 뿌리 칡넝쿨에 찔레 순을 꺾어 먹었던 그 시절"을 한 많은 시절로 기억하고 있지만, 이제 많은 세월이 흘렀고 화자는 담담한 그 시절의 소회를 문장으로 담아내고 있다. 추억을 상기하다 보면 연이은 기억들이 새록새록 떠오를 것이다.

주저앉은 상량 지붕에
동강 난 슬레이트가 볼품없다

불어대는 봄바람에
주인이 그리운지, 무엇을 찾는 것인지
양철 대문만 삐걱거린다

마당 한쪽에 흩어진 화투장과
무성한 잡초 위에

피를 흘리듯 떨어진 산다화는
더없이 애처롭다

-「고향의 빈집」 부분

고향의 존재가 소중하게 느껴질 만한 나이가 있다. 인생의 굽이를 몇 번은 돌고 흔히 강산이 바뀐다는 말을 실감할 즈음 생각도 깊어진다. 결국 나이가 지긋해져서야 고향이 가슴으로 다가온다. 잘 살아온 삶이었지만, 살아온 날을 되돌아보니 헛헛한 마음은 어쩔 수 없다. 허전한 마음을 달래기 위해 자신이 태어난 곳을 찾아가게 된다. 언젠가 찾아가 볼 요량으로 미루고 미뤄뒀던 날이다. 유년의 성장을 통해 기억하고 있는 고향 집 지붕을 받쳐주던 상량이 주저앉은 것을 보며 세월의 무상함을 실감하게 된다. 모처럼 찾아간 화자는 쇠락한 고향 집을 보며 안타까움과 후회만 밀려온다. 그래도 반기는 듯 "불어대는 봄바람에/ 주인이 그리운지, 무엇을 찾는 것인지/ 양철 대문만 삐걱거린다'는 회화적 이미지가 시, 청각적 입체감으로 폐가에 대한 황량함을 메워주고 있다. 그래도 사람이 살았던 흔적은 남아있기 마련, 마당 가에 흩어진 화투 패는 낙장불입이다. 영산홍보다 더 붉게 핀다는 고돌이 패를 훔쳐본 듯 대문간 살구꽃이 난감한 표정이다. 평생 아버지의 우직한 삶이 좌표가 되어버린 안 방 들어서기 전 마루 벽에 걸려있는 '인내천人乃天 액자'가 긴 세월을 홀로 잘도 버텨주었다. 오랜 시간 사람을 기다린 듯 먼지마저 흠뻑 뒤집어쓴 채 무정한 세월을 고스란히 보여준다. 그것도 삶의 한 방편처럼 고향 집을 지탱해온 가업家業 일지 모를 연민으로 받아들이려 한다. 오랜만에 찾아온 화자의 인기척에도 누구 하나 나선 사람이 없는 고향집이지만, "이웃집 살구꽃이/ 하롱하롱 꽃비를 뿌리고 있다"며 그나마 이웃집에 사람이 살고 있어 다행이라며 위안한다. 화자는 고향 집 풍경을 고스란히 가슴에 담아왔을 것이기에 고향 빈집도 가족이 옹기종기 모여 살던 그 시절처럼 활기가 돌 것이다. 성장기를 그대로 간직한 마음속 고향집은 과거처럼 온전히 추억 속에 존재한다. 그 시절 뇌리에서 떠나질 않던 아버지의 고단한 삶을 잊을 수 없다.

천방지축 사남 이녀와 어머니가
지켜온 오막살이집
마을 뒤 덕룡산에서
흘러내린 넓은 자갈땅 냇가
때마침 그곳에 저수지 둑 쌓고 생겨난 빈터
큰형과 어린 나를 데리고 일궈 놓은 농토
큰 돌은 논둑을 쌓고 삼태기로 자갈흙 골라
마련한 다섯 마지기 논밭

-「아버지를 닮은 사랑」 부분

'아버지의 사랑'은 화자의 삶으로 재현되면서, 고스란히 살아있는 의식의 저변을 차지한다. 아버지의 혹독한 삶은 역사의 질곡을 견뎌야 했던 암울한 일제 강압의 시대를 피해 갈 수 없었다. '구주탄광'에서 죽을 고비를 넘겨 살아 돌아온 '아버지'의 악착같은 생환 의지는 화자에게 삶의 지표이자 근본인 것이다. 돌아와 겨우 터잡은 곳이 앞서 말한 '고향 빈집'이 들어선 덕룡산 아래 저수지 근처임을 추측할 수 있다. 집이 들어서기엔 딱히 좋을 리 없는 물막이가 된 저수지 제방 아래란 것부터 아버지가 일군 터전이 그리 넉넉하지 않았다는 것을 방증한다. 사실 주거지가 들어설 택지는 배산임수로 물길은 앞에 있어야만 제대로 된 집터란 것은 상례였다. 시골 농촌에서 자갈을 들어내 한 뼘 밭떼기를 일궈야만 살아갈 수 있는 절박한 고통은 말로 형언할 수 없다. "마을 뒤 덕룡산에서/ 흘러내린 넓은 자갈땅 냇가/ 때마침 그곳에 저수지 둑 쌓고 생겨난 빈터/ 큰형과 어린 나를 데리고 일궈 놓은 농토/ 큰 돌은 논둑을 쌓고 삼태기로 자갈흙 골라/ 마련한 다섯 마지기 논밭"은 누가 뭐라 해도 천금과도 바꿀 수 없는 소중한 자산이 되었고 그것을 바탕으로 화자의 가족이 근근한 삶을 이어간다. 이 시는 단순한 삶의 넋두리가 아닌 통절한 시대의 서사를 대변하고 있다. 일제 치하에 끌려갔다가 무일푼으로 귀향한 아버지가 농촌에서 살아남기 위한 절박함은 "자갈 똥 밭에 목화와 고구마를 심어/ 부모님의 등이 굽어질수록 푸르러지는 논밭"을 일궈낸 생존을 위한 시간은 고투의 연속이었다. 이어 산업 부흥이라는 생산 경제의 왜곡으로 60년대 이후 농촌 사회의 급격한 인구 유출을 초래했고 "그 일에 지쳤는지 객지로 줄행랑친 큰형"의 이농은 가족의 근간을 흔들었다. 어떻게든 살아야 한다는 억척스러운 아버지의 '사랑'은 힘든 고통을 담담히 실천해온 근면함이었다. 아버지의 유전적인 사랑으로 일궈온 유년기 가족사를 추억하는 '멍석'도 예외는 아니다.

처마 밑, 지게 위에 버려진 멍석

한때 탐스러운 오곡을 널어 말리던 요긴한 물건이다

모깃불 연기 흠뻑 뒤집어쓰며 별빛 쏟아지는 밤하늘 아래 온 가족의 저녁 담소를 나누는 자리가 되기도 했다

-「멍석」 부분

과거 농촌에서 요긴하게 사용되던 '멍석'을 통해 지금은 해체되어버린 농촌 공동체에 대한 향수를 복원하고 있다. 정찬열 시인의 시 세계는 과거에 대한 향수를 바탕으로 현재의 삶을 되돌아보는 긍정 기제로 환기된다. 지난한 시절을 그렇다고 절망의 시간으로 치부하지 않는 것도 세월의 연륜이 주는 넉넉함일 것이다. '멍석'도 그런 시적 대상으로 현재화한다. 아마 고향 집을 찾아갔을 때 "처마 밑, 지게 위에 버려진 멍석"이 눈에 들어왔을 것이다. 가만가만 멍석을 회상하며 어렸을 적 일들이 인화된 사진처럼 서서히 되살아났을 것이다. 그토록 다양하게 사용되던 소중한 '멍석' 하나면 농촌에서 못할 것이 없던 유용한 것이었다. 급할 때는 수확한 농산물을 널었다가 한낮의 불더위가 식어가는 여름밤이 깊어가면 "모깃불 연기 흠뻑 뒤집어쓰며 별빛 쏟아지는 밤하늘 아래 온 가족의 저녁 담소를 나누는 자리가 되기도 했다"는 추억 속 도란도란 대화를 나누던 그리움들이 끝없이 펼쳐진다. 결국 우리 가슴에 온재한 추억이란 것도 먼지를 흠뻑 뒤집어쓴 멍석처럼 잊힐 수 있지만, 한 꺼풀만 벗겨보면 다시는 복원될 수 없는 아름답던 시절의 풍속들을 고스란히 간직하고 있다. 시인은 그 '멍석' 위의 세월로 돌아가 아름답기만 한 시간 여행을 실천하고 있다. "아버지의 손때 묻은 보물은 세련된 세월에 제물이 되어// 비바람 치는 처마 밑에 쥐들만 들랑날랑한다// 오곡이 익어가도 햇빛을 보지 못한 아버님의 넋은 손때 묻은 기억 속에 잠들어 있"다며 뒤늦게 찾아온 것이 불효 같아 마음이 편치 않다. 어쩔 수 없는 세월 탓이라며 담담해지려 발길을 되돌리지만, 되돌아가고 싶지 않은 과거도 있다는 속내를 털어놓는다.

겉으로는 멀쩡한 모습이다

구차하고 생각하기 싫은 아픔과 얼룩진 상처가 난마처럼 얽혀
있다

안전이 제일이라는 말은 급한 현실에 잊고 살았다

불행을 내 것으로 만들었으니 지난날을 생각하면 할 말을 잃고
만다

아프고 쓰라린 세월은 뼈저린 다짐으로 멀리하고자 했다

-「고통의 감내」 전문

"구차하고 생각하기 싫은 아픔과 얼룩진 상처가 난마처럼 얽혀 있다"는 심정을 술회한다. 살며 가슴속에 숨겨둔 비밀 없는 사람은 없다. 하지만, 마음으로 삭힐 수 있는 상처와 삭힐 수 없는 상흔이 있다. 시간이 아무리 흘러도 복원될 수 없는 상흔을 트라우마라고 말하지만, 어디에도 적용되지 않는 경우가 있다. 겉으로는 멀쩡하지만 그렇지 않다는 화자의 고백을 들어보자. 시의 행간 속을 보면 '안전'을 준수하지 않아 발생한 큰 사고가 있었던 듯하다. 그로 인해 "불행을 내 것으로 만들었으니 지난날을 생각하면 할 말을 잃고 만다"는 고백은 심정적 괴로움이 채 아물지 못했음을 보여준다. 화자는 당시의 안타까운 기억을 통해 온전했던 상태로 되돌아가고 싶어 한다. 그럴 수 없다는 현실이 더 괴롭지만, "제때 약을 먹지 않으면 이어지는 통증"이 하도 심해 견딜 수 없을 정도란 것을 호소한다. 되풀이되는 통증을 숙명처럼 긍정하며 자신 탓이라고 자책한다. 화자가 온전하게 살아온 시간을 온통 뒤흔들어버린 '안전사고'

는 행복했던 삶을 앗아가 버렸다. 화자는 심각한 정도의 우울한 상황을 수시로 맞게 된다. 자신의 처지에 대한 울화증으로 감정 변화에 대한 안정을 쉽게 이룰 수도 없다. 자학과 자위를 거듭하며 스스로 그 질곡에서 헤어나려 안간힘을 쓰는 심경을 시적으로 환기하려 한다. "상시에 견뎌온 상흔, 계속된 통증은 평생 나를 괴롭힐 것이다// 누가 대신할 수 없는 역경을 견뎌 내기가 벅차고 힘든 생각이 들 때마다 괴롭다"며 안전사고를 유발한 화자의 잘못으로 몸은 수시로 '통증'에 시달려야 한다. 그런 고통을 안고 살아야 하는 '통증'에게 조차 미안하다는 심사다. 어찌 보면 극심한 고통을 완화시켜주는 심리적 궁리일 것이다. 거침없이 반복적으로 찾아오는 통증 앞에 무기력한 자신을 확인한다. 그렇다고 좌절할 수 없다. 하얀 백지 위에 심정을 적어보는 것도 고통을 이기는 방법일 수 있다. 화자는 현실을 극복할 수 있는 출구를 지속적으로 모색할 것이다. 그래서 시를 쓰는 것인 지 모른다.

감전 사고로 없어진 오른팔에서
끊임없이 흘러나오는 통증은 사라지지 않는다

굼뜨고 어설펐던 왼손만으로
일상의 안팎을 돌보며
어렵사리 자동차 운전하고 밥을 먹어야 하는
사소한 일조차 버거운 긴장의 연속이다

날렵한 오른손이 해야 할 일은
삐걱거리는 팔목과 어깨까지 까마득한데
하늘을 휘휘 저어도

어디로 사라진 오른손은 찾을 수가 없다

-「연필로 그린 오른손」 부분

좀 더 시인이 처한 현실을 심정적으로 접근하기 위해 위 시를 선정해 보았다. 그냥 읽기만 해도 행간을 통해 전해오는 비극적인 사고의 후유증이 어느 정도였는지를 가늠하게 한다. 화자가 당한 불행한 사고가 감전에 의한 것이었으니 그 후유증으로 유발된 통증뿐만이 아니다. "날렵한 오른손이 해야 할 일은/ 삐걱거리는 팔목과 어깨까지 까마득한데/ 하늘을 휘휘 저어도/ 어디로 사라진 오른손은 찾을 수가 없다"는 절망스러운 말이 절규와 다르지 않다. 거기다 오른손의 부재로 인해 일어나는 일상적인 행동 변화는 상상할 수 없는 불편으로 가중될 수밖에 없다. 우리가 알지 못한 안전사고의 폐해와 신체적 장애의 전형을 적나라하게 알게 해주는 '연필로 그린 오른손'이란 시의 전문처럼 누구도 해결해 줄 수 없는 화자의 몫이고 남겨진 하루하루가 생애 고통인 것이다. 그렇지만, 강인한 정신을 가진 화자는 스스로 위로하며 "왼손은 제 짝이 하던 일까지 도맡아 하느라/ 손가락 끝이 붉디붉다"며 매번 수고에 대한 감사를 잊지 않는다. 거기다 "아직 몸으로 돌아오지 못하는 오른손을,/ 이 세상에 없는 너를/ 나는 연필로 허공에 그려놓고 하루하루를 살아간다"며 사고로 잃어버린 보이지 않는 손을 잊지 않고 있다. 보이지 않은 손은 화자의 강인한 삶의 생존 의식으로 작용하는 충전재인 것이다.

농사를 짓는 일과
이공계 전기제품을 다루고,
살기 위한 헌신과 희생을 했건만

순간에 돌이킬 수 없는 실수를 하고 말았다

취미라며 사냥과 낚시 놀이에
하루아침 감전의 대가를 치른
특별 고압 전기는 저승으로의 손짓이다

오장육부에서 다리와 왼팔만 성한 채
오른팔을 잘려 내야 하는 처절함은
오른손이 하는 일 왼손이 대신할 수 없어
망상의 해탈은 일장춘몽一場春夢이었다

-「새옹지마塞翁之馬」 부분

자학과 반성은 확연하게 다르다. 전자는 자신이 갖고 있는 존엄성에 대한 비하나 학대의 한 모습이고, 후자인 '반성'은 잘못한 행위에 대한 철저한 후회를 통해 다시는 반복하지 않겠다는 각성을 의미한다. 화자인 시인은 시라는 형식을 통해 살아온 이력을 밝히고 있다. 어려서는 부모님으로부터 치열하게 살아가는 방법을 배우며 터득하였다. 그중에는 농촌의 일손을 돕는 일에서부터 학업을 통해 자아를 실현할 수 있는 기회를 부모로부터 지원받았다. 그런 환경에서 올바른 사회인으로 성장하였고 무난한 삶을 살아가다 그만 큰 사고를 당한 것을 밝히고 있다. 이 말은 화자의 본래 몸은 매우 정상이었는데 한 때의 잘못으로 인해 후천성 장애자가 된 것이다. 몸의 일부가 훼손된 것으로 추정되는 고백적 언사 속에는 안타까운 심정이 강하게 투영되어 있다. 이어 시인은 노자가 연행한 새옹지마를 삶의 위안으로 삼아 심리적 트라우마를 치유하려 노력한다. '새옹지마塞翁之馬'라는 시제가 함의한 의미는 화자의 현실을 극복케 하는 사자성어로 이해된다. 같은 의미의 사자성어 중 길흉화복이란 것은 영원할 수 없고 언젠가는 뒤바뀐다는 의미로 사용되는 전화위복이 있다. 화자는 지금껏 살아온 과거를 회상하며 부모가 만들어준 몸을 간수하지 못한 미안함을 상기시키고 있다. 그 원인이 된 사고를 당한 자신의 실수를 자책하고 미안함을 부모님께 아뢴 것이다. 화자의 안타까운 사고에 대한 정황을 제대로 이해하기 위해선 본 시집 4부에 실린 <자신에게 처한 운명」이란 시를 눈여겨봐야 한다. “관리도 안 된 조작봉* 달라고 하여/ 막힌 전기를 트려 했던가/ -생략- /전기는 습한 것을 좋아하기에/ 오래된 공구자루 타고 불결한/ 오물이 전한 습기에 흘러/ 산화된 접속 전류를 트려 했을까?// 인정사정도 따로 없는/ 조작봉에 흐른 전압은/ 강하게 접지된 철재 문짝 닫자마자/ 오른손에 전해진 수만 볼트에 전압이 흘러// 정신 잃고 떨어지니/ 몸은 갈기갈기 성한 곳이 없어져/ 정황 모른 집사람만 몇 달째 고생길/ 생명은 부지했건만 장애인이 되어/ 불편한 것과 불편하지 않은 것 사이에 낀 채/ 때로는 통증을 이기며 피는 꽃이 된다”라며 당시 상황을 상세히 적고 있다. 사실 안전 재해란 것은 앗차 하는 순간에 발생하여 그 후유증은 당사자는 물론이고 당사자를 둘러 싼 가족 모두에게 고통을 안겨준다. 그렇기에 안전사고는 절대 일어 나서는 안된다는 것을 확인시켜주고 있다. 다시 한번 화자가 안고 있는 정신적 고통을 상기시키면서 그래도 다행인 것은 시라는 위안처가 있다는 것이다. 문득 이럴 때 생각나는 분이 아버지보다 어머니일 것이다.

음력 6월 15일은 유두날이다

지금 와서 알고 보니, 동쪽으로 흐르는 물에

머리를 감고 목욕을 하면
더위를 안타는 속설인 명절이란다

어머님은 삽으로 모래 구덩이를 파놓으시고
파놓은 모래로 덮어 달란다
철모르고 어머님 몸을 묻어드린 사연

한가람 모래사장
지금은 그 자리에 강물이 흘러
그 옆을 지나칠 때나 유두날이면
어머님이 몸을 모래찜질해드린
추억은 아득하기만 하다

-「어머님의 유두날」 부분

영산포는 포구다. 포구라 불리던 '영산포'는 아련한 추억 속에만 존재한 그리움의 대상 같기도 하고 그리움의 근원으로 남아있다. 그 "영산포 가람 들대 앞 모래부리"까지 걸어 어머님 따라나선 오십 리 길을 화자는 잊지 못한다. 고향 저수지 아래 좁은 농토만 봐온 화자의 눈에 비친 영산포구 양옆으로 광활하게 펼쳐진 넓은 들판은 경이로움 그 자체였을 것이다. 저수지 논 사이 물길은 징검돌 몇 개만 건너뛰면 그만인 덕룡산 자락과는 달리 포구를 유유히 밀고 바다로 나아가던 나룻배는 어린 눈을 뒤흔들어놓은 유별난 체험 학습을 한 셈이다. 어머니를 따라나선 '유두날'의 의미는 '동쪽으로 흐르는 물에 머리를 감고 목욕하는 풍속'을 실행하는 날이다. 지금은 잊혀버린 세시풍속으로 무병장수를 기원하고 정갈한 몸으로 한 해 농사의 풍년을 기원하는 제를 올리기도 한 농경 사회의 전형적인 풍습이었다. 화자는 어머니와 함께 한 그날의 외유를 잊을 수 없다. 마침 영산강 하구에 형성된 풍부한 모래톱에서 있었던 일들이 추억 속에서 아련함을 더해준다. 모래 구덩이에 어머니를 파묻던 일도 되돌아보니 철없어 한 행동이었음을 나이 들어 깨닫고는 자책한다. 흙구덩이에 몸을 묻은 다는 것은 죽음 이후 마지막 절차란 것을 철 모른 아이적에는 그저 즐거운 놀이였던 것이다. 한여름 불 별 더위 속 영산포 한가람 모래사장에서 모래찜질하던 어머니와의 추억은 그대로인데 세월은 가만히 있질 않았다. 그 어머니와 함께 한 소중한 시간은 다시는 복원할 수 없는 추억 속에만 존재할 뿐이다. 우린 그런 것을 알면서도 잊고 살아간다. 기쁘도록 그리운 것들은 왜 종종 슬픔처럼 밀려와 가슴을 헤집어놓은 건가 묻고 있다.

애잔한 심정을 담은 시 <부모님께 바친 동백」을 보도록 하자. “고향 집이 보이는/ 산등성이 아버님 묘소에/ 15년 전 봄날에 내가 심은 동백나무// 2008년 고난으로 내가 사경을 헤맬 때/ 합장으로 형제가 모셔 온 부모님 산소// 이장할 때 나는 병석에 누워/ 불가피하게 불효자가 되었는데/ 부모님과 함께 이곳으로 옮겨져/ 내 마음의 꽃을 피우는 것인지/ 해마다 꽃다발처럼 꽃을 피운다// 구정이 되어/ 부모님께 성묘를 하려 하니/ 소나무가 우거진 묘소 앞에 옮겨져/ 동백꽃은 빨갛게 눈물을 흘리고 있다// 살아 못다 한 효도에// 어머님, 아버님께 송구한 마음뿐/ 나 대신 슬픈 가슴 저미며/ 동백이 뚝뚝 눈물을 떨구나 보다”라며 해마다 피는 부모님의 무덤가 붉은 동백은 그리움 가득한 가슴속 향수를 들쑤신다. 화자에게는 지나칠 수 없는 동백이다. 선산 아버지 묘소에 심어놓았던 동백을 이장하면서 부모님 산소에 옮겨 심은 동백이다. 마침 이장할 때 안전사고로 화자는 병석에 누워 꼼짝할 수 없는 지경을 맞게 된다.

동백 붉은 꽃을 볼 때마다 못다 한 슬픔으로 몰려온 비애마저 불효스런 마음을 주체할 수 없다. 부모님을 통해 유전된 애틋한 그리움도 대물림이 된다.

광명역 plat form에 어린 딸 남겨두고 공무원 교육을 받아 한 등급 승진된 기쁨도 잠시 머나먼 타향으로 임직을 받아 올 줄이야!

일 년이면 돌아온다지만 기약마저 아득할 뿐 엊그제의 옛일들이 밀물처럼 몰려온다

대합실 안 전등불이 차창으로 환하게 비출 때 서서히 출발하려는 열차의 움직임에
그간의 상념에 아쉽기만 하여라

그렁대는 애잔함이 밀물처럼 밀려올 때 무심한 열차는 소리 없이 멀어져 가네

고이 품어온 막내딸을 두고 가녀린 마음만이 철길처럼 이어지는구나

-「가련한 부정父情」 전문

화자의 마냥 어리기만 한 '딸'도 나이 들어 곁을 떠날 때가 된다. 좋고 나쁘고를 떠나 평생을 부모 곁에 붙어살 수 없다. 마침 '딸'이 공무원이 되어 아마 승진 케이스로 타 지역으로 근무를 해야 하는 상황인 것 같다. 일 년이란 시간 동안 떨어져 있어야 하는 아버지의 심정을 그대로 옮겨놓은 이 시는 예전 화자가 시골집에서 출행

할 때 뒷모습을 지켜보며 발길을 떼지 못했던 부모님의 마음과 다르지 않다. 자식을 멀리 떠나보내며 가슴 편한 부모는 없다. 하지만, '딸'은 당당한 사회인으로 성장하였고 공무원으로 성공하여 국가의 부름을 받아 임지로 떠나는 것이니만큼 그리 가슴 아파할 일도 아니다. 자랑스럽고 사랑스럽게 봐주면 되는 아름다운 이별인 셈이다. 남들은 그런 '딸'을 둔 화자를 얼마나 부러워하겠는가?

정찬열 시인의 시집 속 정서는 애틋함에 있다. 성장기 고향의 서정 가득한 풍경과 가난하지만, 묵묵히 고통을 감내하며 살아온 부모님의 삶의 정신을 착하게 잘 배우며 성장한 것이다. 그토록 열심히 살아온 시인에게 닥친 불행은 가히 상상할 수 없는 것임을 시속 정황을 통해 확인했다. 그렇기에 시 전반적인 정서가 안타까움이란 심리적 증후를 적나라하게 보여준다. 바라보는 시적 대상도 보편적으로 애잔함이거나 비관적인 정서가 주조를 이룬다. 물론 시인도 최선의 방법을 찾아 자신이 처한 심정적 고통 지점을 벗어나려 노력하고 있다는 것을 시로써 보여준다. 모두에 밝혔듯이 시의 모습은 삶의 진정성에 있고 그 삶을 변화시키는 데 최고의 활력 기제란 것이다. 정찬열 시인의 시 속에서 그런 징후도 있다. 여행을 통해 지친 몸과 마음을 추스르고 삶의 에너지를 충전하며 현실적 전환을 모색하기도 한다. 그런 기회를 자주 활용하여 지금의 모습보다 더 밝은 기운이 충만한 삶의 감각을 회복하여 한층 진전된 삶과 문학이 도래하길 바란다. 또한, 정찬열 시인의 시집 『연필로 그린 오른손』 발간을 통해 마음속 고통이 극복되길 바라는 응원도 곁들인다. 어차피 사람 사는 것의 중심은 '사랑'을 실천하는 것이다. 과거에서부터 현재와 다가올 미래까지를 망라해 궁극의 최상은 삶을 사랑하는 것이다. 사물로 지시되는 대상이 무엇인가를 구분하지 않고 치열하게 살아가겠다는 자아를 긍정하는 것이 실존을 위한 최

선이라고 본다. 정찬열 시인이 이루고자 하는 문학적 의미는 고통으로 점철된 의식의 부단한 전환 기제임을 부연하고자 한다.